MÉMOIRE

SUR

L'ENVASEMENT

LE DÉVASEMENT

DU

PORT DE SAINT-NAZAIRE

PAR

M. LEFERME,

INGÉNIEUR DES PONTS ET CHAUSSÉES.

PARIS

DUNOD, ÉDITEUR,

SUCCESSEUR DE Vor DALMONT,

Précédemment Carilian-Gœury et Vor Dalmont,

LIBRAIRE DES CORPS IMPÉRIAUX DES PONTS ET CHAUSSÉES ET DES MINES,

Quai des Augustins, n° 49.

1869

V

MÉMOIRE

SUR

L'ENVASEMENT

ET

LE DÉVASEMENT

DU PORT DE SAIT-NAZAIRE

Paris. — Imprimerie de Cosset et Ce, rue Racine, 26.

MÉMOIRE

SUR

L'ENVASEMENT

ET

LE DÉVASEMENT

DU

PORT DE SAINT-NAZAIRE

PAR

M. LEFERME,
INGÉNIEUR DES PONTS ET CHAUSSÉES.

PARIS
DUNOD, ÉDITEUR,
SUCCESSEUR DE V^{or} DALMONT,
Précédemment Carilian-Gœury et V^{or} Dalmont,
LIBRAIRE DES CORPS IMPÉRIAUX DES PONTS ET CHAUSSÉES ET DES MINES,
Quai des Augustins, n° **49**.

1869

MÉMOIRE

SUR

L'ENVASEMENT ET LE DÉVASEMENT

DU

PORT DE SAINT-NAZAIRE

Lorsque, dans les premières semaines de 1858, nous avons été chargé du service du port de Saint-Nazaire, la situation du premier bassin à flot, livré depuis un an à peine au commerce, était devenue fâcheuse. Il existait en effet, dans ce bassin et dans le court chenal qui lui donne accès à la mer 225 000 mètres cubes de vase, et deux dragues empruntées, l'une au service de la Loire, l'autre à l'industrie, ne parvenaient point à combattre un apport journalier considérable. L'envasement, masqué aux débuts par les suites d'un accident, se révélait alors avec une gravité telle qu'on devait se demander s'il ne faudrait point acheter au prix de sacrifices hors de proportion avec les services rendus la jouissance des travaux déjà faits et de nature, dans tous les cas, à compromettre singulièrement l'avenir que semblait assurer au nouveau port la large échelle sur laquelle avaient été exécutés les premiers ouvrages et sa position exceptionnelle au contact immédiat de l'une des grandes artères navigables du pays, d'un chemin de fer et d'une rade d'une excellente tenue et remarquablement calme. On comprend dès lors combien nous avons dû nous préoccuper de la question de cet envasement, question de premier ordre et à bien des égards nouvelle, qu'il était absolument nécessaire de résoudre avant d'étudier la seconde série d'ouvrages qu'on nous demandait de projeter.

Après dix-huit mois consacrés à des observations, à la construction et à l'expérimentation d'un nouvel engin, nous étions à même de formuler des propositions définitives consignées dans un rapport en date du 10 décembre 1859 et approuvées par l'administration supérieure dans les premiers mois de 1860. Le 1er mai 1861 nous disposions de tout le matériel demandé, et, à la fin de 1863, le port de Saint-Nazaire était à l'état d'entretien dans des conditions de temps et de dépenses en tout d'accord avec nos prévisions. Depuis cette époque jusqu'au 1er août 1867, jour où nous avons cessé d'être chargé du service, les résultats déjà acquis ont été de nouveau confirmés et, au total, les craintes conçues, il y a dix ans, sont aujourd'hui dissipés. Si l'on se trouve, il faut le reconnaître, en présence d'un mal sérieux, on en connaît bien du moins l'étendue; on est convenablement outillé pour le combattre et l'on peut avec avantages soutenir, sans dépenses exagérées, la lutte de tous les instants imposée par les conditions du nouveau port, dont l'avenir est assuré.

Il a semblé qu'il y avait quelque intérêt à résumer l'ensemble des faits constatés pendant la longue expérience de dévasement que nous avons eu à suivre à Saint-Nazaire, alors surtout que les exigences de la navigation imposent des tirants d'eau de plus en plus grands dans les ports et qu'il faut par suite de plus en plus compter avec les envasements; aussi avions-nous reçu, dès 1864, l'invitation de refondre, sous forme de mémoire, les différents rapports présentés sur une question qu'on pouvait déjà considérer comme résolue. Les exigences du service ne nous ont pas permis de nous conformer immédiatement aux prescriptions de l'administration supérieure; il y avait intérêt d'ailleurs à voir confirmer, pendant une période d'entretien proprement dit, les faits établis pendant une période de transition, et comme ils l'ont été de la façon la plus satisfaisante, nous ne pouvons regretter d'avoir, avant d'en rendre compte aujourd'hui, prolongé l'expérience jusqu'au jour où nous avons remis le service.

Envasement du bassin. — Le premier bassin de Saint-Nazaire (le seul encore livré au commerce), d'une superficie de $10^{hect}.54$, est exclusivement alimenté par les eaux de la rade avec laquelle il communique au moyen de deux écluses, l'une de 25 mètres d'ouverture sans sas, l'autre de 13 mètres à sas, mais dont le sas de 60 mètres est déjà trop court pour la plus grande partie des nombreux bateaux à vapeur qui fréquentent le port. Il y a donc à peu près à toute marée contact libre entre les eaux du bassin et celles de la rade, qui jouent librement d'ailleurs dans le chenal d'accès dont la superficie n'est que de $1^{hect}.35$.

Ces eaux sont presque toujours très-troubles et chargées d'une quantité tout à fait inusitée de matières extrêmement fines tenues en suspension par la moindre agitation, mais qui se déposent très-vite dès que le calme devient complet, comme dans le bassin ou tout autre endroit clos. Ces matières constituent alors une vase savonneuse, très-douce au toucher et, à l'œil nu, sans la moindre trace de sable (*). Elles ont, à la longue, déterminé sur les rives de la rade la formation de vasières en quelques points con-

(*) M. l'ingénieur en chef des mines Delesse, qui a eu l'obligeance d'examiner les échantillons que nous lui avons envoyés, ne qualifie pas moins scientifiquement le dépôt de sable argileux, gris brunâtre fin. La teneur en carbonate de chaux n'est que de 2.5 à 2.7 pour 100. Le résidu de l'attaque par l'acide chlorhydrique est parfaitement blanc, composé de quartz.

M. Delesse y a observé un peu de silex, de la lydienne noire, du grenat et quelques grains verts de péridot. Le zircon et même le rubis semblent également s'y rencontrer. Parmi ces minéraux,

sidérables, et c'est au milieu de l'une d'elles que le chenal a été creusé jusqu'à 6 et 7 mètres en contre-bas de la surface.

Pressé par le temps, nous avions d'abord cherché à évaluer l'importance des dépôts qui, dans de semblables conditions, devaient nécessairement se faire dans le bassin, en recueillant chaque jour et pendant plusieurs mois, lorsque les écluses étaient ouvertes, un même volume d'eau pris de mètre en mètre au-dessus des radiers. En comparant le dépôt obtenu en réunissant tous ces volumes à ceux des vasières que nous avions sous les yeux et dont la densité est de 1 430, celle de l'eau douce étant 1 000, nous pensions pouvoir établir la moyenne de la quantité de vase en suspension dans un mètre cube d'eau de la rade, et comme il était facile de calculer le volume de cette eau introduit chaque année dans le bassin, il eût alors suffi de multiplier les deux résultats l'un par l'autre pour arriver au cube de l'envasement annuel.

Il nous a malheureusement fallu reconnaître que ce procédé, qui se présentait tout naturellement cependant, était entaché d'une double cause d'erreur et conduisait à un cube beaucoup trop faible.

D'une part, en effet, les tranches de l'eau de la rade ne se transportent pas verticalement lorsqu'elles entrent dans le bassin. Leur pied est fortement incliné en avant (*) et le remplissage continue par le fond alors que le courant est

---

le silex et le péridot ne sauraient provenir du rivage qui est granitique, d'où cette conséquence que les dépôts vaseux de Saint-Nazaire seraient dus en partie aux alluvions de la Loire.

Il serait trop long et hors de la question d'examiner ici quelle est en réalité l'origine de ces dépôts.

(*) Ce fait, que l'on pouvait d'ailleurs pressentir, est facile à constater.

Lorsqu'on ouvre les portes du bassin par un temps calme, un nuage vaseux, nettement délimité à la surface, envahit les eaux clarifiées par un dépôt de douze heures. En descendant en

déjà renversé à la surface. Les couches de fond, les plus chargées de vase, entrent donc dans le bassin en bien plus grande proportion que celles de la surface, et connût-on le rapport, comme la répartition des matières en suspension dans une tranche verticale varie chaque jour avec la direction et l'intensité du vent, l'état de la mer, les crues du fleuve, etc., la moyenne que nous avions cherché à établir est tout à fait illusoire.

D'autre part, une cause d'erreur plus spéciale à Saint-Nazaire était due à ce que nous avions comparé les dépôts obtenus pendant l'expérience à ceux des vasières, les seuls, avons-nous dit, que nous eussions sous les yeux, ceux du bassin et du chenal ne découvrant jamais. On arrivait bien ainsi à établir les quantités absolues de matières contenues dans des dépôts qui, en général et pour peu que les vases soient mélangées de sable, comme nous venions de le voir au port de Honfleur, ont un volume à peu près constant, mais il en est tout autrement à l'embouchure de la Loire, et l'on ne tenait pas compte d'un changement de volume avec l'âge qui, comme nous le ferons voir plus loin, a une importance considérable.

Nous avons donc dû renoncer à évaluer l'envasement annuel du bassin en nous appuyant sur des expériences directes et chercher à y parvenir par des sondages suffisamment distants et une étude minutieuse du régime des vases.

Il serait trop long de discuter dans ce mémoire les résultats d'expériences reproduites sous des formes très-diverses, tantôt en étudiant les dépôts dans de longs tubes de verre, tantôt en les recueillant directement (*) en des points où

---

avant de ce nuage et à des distances d'autant plus grandes qu'on s'en éloigne davantage, de petits appareils vides qu'on peut ouvrir à des profondeurs déterminées, de façon à recueillir une certaine quantité d'eau, on reconnaît sans peine des limites aussi nettes et une propagation de plus en plus rapide des filets d'eau vaseuse.

(*) Le procédé qui nous a le mieux réussi pour recueillir les

l'on connaissait leur âge. Ces résultats, qui se sont contrôlés de la façon la plus satisfaisante, ont en somme permis d'établir que quand les eaux vaseuses de la rade sont introduites dans le bassin ou dans tout autre endroit clos, les matières en suspension sont, au bout de deux ou trois heures, complétement séparées.

Dans le bassin, par exemple, un appareil vide descendu à quelques centimètres au-dessus de la surface du dépôt vaseux, que la sonde (*) accuse très-nettement, et ouvert seulement alors, ne rapporte que de l'eau parfaitement claire. Le même appareil descendu à quelques centimètres au-dessous rapporte au contraire une vase dont le densité a été constamment trouvée, dans les nombreuses expériences faites tant dans le bassin que dans le laboratoire, de 1 175.

Cette vase initiale (**), si nous pouvons nous exprimer

---

vases, et que nous croyons devoir citer dans le cas où l'on aurait à faire des études de même nature, consistait à descendre verticalement au milieu des dépôts et jusqu'à quelques centimètres au-dessus du fond du bassin un tube en zinc ouvert aux deux bouts, mais qu'un petit mécanisme permettait ultérieurement de fermer à son extrémité inférieure. En retirant ce tube et le sciant par tronçons, il était alors facile d'obtenir la densisé des matières en chacun des points du cylindre de vase qu'on avait rapporté, cylindre dont la constitution était évidemment pareille à celle des dépôts.

(*) On comprend qu'en présence de dépôts aussi peu consistants que ceux de Saint-Nazaire on ne saurait s'entourer de trop de précautions pour faire des sondages.

Tous nos sondages, pendant dix ans, ont été exécutés par le même éclusier avec, sinon la même sonde, du moins des sondes formées de la même façon, d'une tige en sapin de 6 centimètres de diamètre et de 8 mètres de long, terminée par une planchette quarrée de 15 centimètres de côté et lestée de façon à plonger de 5 mètres. Comme dans nos sondages, exécutés en morte eau, les profondeurs d'eau varient de 5m.50 à 7m.50, il suffit d'un très-petit effort pour faire enfoncer la sonde et la moindre résistance s'apprécie facilement.

(**) Le mètre cube de cette vase pesant 1 175 kilogrammes contient 298 kilogrammes de matières solides pesées après complet dessèchement.

ainsi, laissée, bien entendu, sous l'eau, perd avec le temps une partie de l'eau en quelque sorte combinée ; elle se tasse, mais avec une extrême lenteur, et met environ dix-huit mois à atteindre la densité finale 1 430 des dépôts des vasières du rivage. Son volume s'est réduit alors dans la proportion considérable de 2.71 à 1.

Le tableau suivant donne d'ailleurs les variations, en volume et en densité, de cette vase initiale mois par mois pendant les huit premiers :

AGE DE LA VASE.	DENSITÉS successives corres-pondantes.	AUGMENTATION de densité par mois.	VOLUMES successifs.	DIMINUTIONS de volume	
				par mois.	cumulées.
0 à 1 mois	1 175	»	1 000 (1)	»	»
1 à 2 —	1 180	0.005	968	32	32
2 à 3 —	1 195	0.015	882	86	118
3 à 4 —	1 222	0.027	760	122	240
4 à 5 —	1 250	0.028	665	95	335
5 à 6 —	1 276	0.026	596	69	404
6 à 7 —	1 301	0 025	542	54	458
7 à 8 —	1 323	0.022	502	40	498
» »	»	0.011	»	13	»
» »	»				
Environ 18 mois.	1 430	»	369	»	631

Il ressort de ce tableau que le volume initial de la vase de Saint-Nazaire quand, il ne faut pas l'oublier, elle est toujours immergée, n'est encore réduit que d'un quart au

(*) Nous avons admis dans tous les calculs de volume que la densité de l'eau de la rade et du bassin était, comme celle de la mer, de 1 026. Ce n'est cependant sans doute vrai que pendant quelques mois d'été, lorsque la Loire est à l'étiage. Le plus ordinairement l'eau de la rade n'a qu'une densité de 1 018, mais les expériences qui ont conduit à cette densité n'ont été suivies que pour les eaux de surface et vraisemblablement les eaux de fond sont un peu plus lourdes. Il eût été bien long d'établir la densité moyenne réelle de celles-ci, et il n'y avait d'ailleurs aucun inconvénient à admettre une densité de l'eau un peu trop forte, puisqu'on ne fait alors qu'augmenter très-légèrement le volume des vases de densités inférieures à 1 430.

bout de trois ou quatre mois et qu'il faut de sept à huit mois pour qu'il soit réduit de moitié. La diminution de volume et, comme conséquence, l'augmentation de densité, très-lentes à l'origine, alors que la vase initiale flotte en quelque sorte à la surface des dépôts, atteignent leurs maxima vers trois ou quatre mois pour décroître ensuite, et ce n'est que rès-lentement que la vase acquiert ultérieurement sa densité limite de 1 430.

Au tableau qui précède il faut, pour établir le régime des dépôts vaseux du bassin, ajouter, suivant leur importance et leur âge, celui des densités successives des couches de vase qui les constituent. Or une expérience facile à faire et plusieurs fois répétée, en draguant à fond sur une certaine étendue, a permis de constater que dans le voisinage des écluses la hauteur totale du dépôt atteint 2 mètres en moyenne en huit mois et que, dans ce dépôt, les couches successives ont les densités suivantes :

NUMÉROS des couches.	HAUTEUR de chaque couche observée.	HAUTEUR du dessus du dépôt au-dessous de chaque couche.	DENSITÉ des couches.
	mètres.	mètres.	
1	0.35	0.35	1.175
2	0.25	0.60	1.181
3	0.20	0.80	1.196
4	0.20	1.00	1.214
5	0.20	1.20	1.235
6	0.20	1.40	1.258
7	0.20	1.60	1.284
8	0.20	1.80	1.307
9	0.20	2.00	1.330
Hauteur totale du dépôt. . .	2.00		

L'abondance des dépôts est moindre loin des écluses ; elle diminue à mesure qu'on s'en éloigne et, dans le même laps de temps, leur hauteur n'atteint que quelques décimètres aux extrémités du bassin ; mais dans tous ces dépôts les couches de même densité se succèdent dans le même ordre et la même proportion.

Ces faits acquis, en multipliant et discutant les sondages, connaissant d'ailleurs l'âge des vases en chacun des points du bassin, nous étions maître de la question et nous avons pu annoncer dans le rapport du 10 décembre 1859 que, dans les conditions normales d'exploitation de ce bassin, le jeu des marées y introduirait chaque année 60 600 mètres cubes de vase ramenée à la densité-limite 1430 de celle des vasières. Mais on comprend déjà qu'en présence d'un apport aussi abondant et d'ailleurs incessant, on n'est pas libre d'attaquer les dépôts à son heure, alors qu'ils présenteraient tout à la fois un moindre volume et une prise plus facile aux instruments de dragage; il faut le faire bien avant, sous peine d'inutiliser une très-notable partie des mouillages, en tenant, par suite, compte dans la lutte à soutenir contre l'envasement, non-seulement de la quantité absolue de matières déposées chaque année, mais de volumes d'encombrement qui seront d'autant plus grands que l'on voudra mieux maintenir ces mouillages.

Les maintenir d'une façon absolue, c'est-à-dire n'avoir jamais de vase en aucun point du bassin, n'est évidemment pas possible quelques sacrifices que l'on soit disposé à faire; mais ce n'est même pas nécessaire. L'expérience démontre, en effet, qu'un navire ordinaire (*) dont la quille pénètre de $1^{m}.20$ dans les dépôts vaseux qui avoisinent les écluses peut être encore péniblement halé, mais qu'il ne gouverne

(*) Nous disons navire ordinaire, car ce qui va suivre ne s'applique pas aux navires exceptionnellement longs comme les paquebots transatlantiques. Ces navires, qui ont 105 à 110 mètres de longueur et qu'on halerait encore debout dans quelques décimètres de vase, ne peuvent absolument abattre si peu que leur quille soit engagée. On se rendra facilement compte de la résistance qu'ils éprouvent alors, si l'on songe à la façon dont se comporte la vase même initiale que l'on pousse devant soi avec un rabot. Cette vase, qui se nivellerait à la longue, prend un talus d'environ dix de base pour un de hauteur, et il en résulte qu'un transatlantique dont la quille serait seulement engagée de 10 centimètres et auquel on voudrait faire décrire un quart de révolution autour de l'une de ses

plus et ne peut abattre, que si sa quille n'est engagée que de $0^m.60$ à $0^m.80$, il est facilement halé, ne gouverne pas encore, mais peut être abattu du moins, et que si elle ne pénètre enfin dans la vase que $0^m.30$ à $0^m.40$, tous ses mouvements sont suffisamment libres.

Comme c'est surtout aux abords des écluses qu'il importe de rendre les manœuvres faciles, si l'on se reporte alors aux tableaux qui précèdent, on en conclut immédiatement que, dans aucun cas, on ne devra attaquer les dépôts vaseux après quatre mois, auquel cas la densité maxima des vases extraites sera de 1 235 et leur densité moyenne de 1 196; que, pour que l'entretien du bassin soit rigoureusement suffisant, il faut qu'on les attaque peu après deux mois, auquel cas la densité maxima des vases extraites sera de 1 190 et la densité moyenne de 1 180, et qu'enfin, pour que cet entretien soit complet, il faut le faire à la fin du premier mois, alors que leur densité n'est encore que de 1 175.

Mais des attaques aussi répétées ne sont nécessaires que là; aux extrémités du bassin les dépôts sont, avons-nous dit, beaucoup moins rapides, et l'expérience démontre également qu'en ces points on peut attendre respectivement deux ans, quinze et dix mois, auxquels cas la densité moyenne des vases à extraire est de 1 397, 1 323 et 1 263.

---

extrémités, provoquerait à l'autre la formation d'un bourrelet de vase dont la hauteur H serait donnée par l'équation

$$\frac{\pi \times 110^m.00}{2} \times 0.10 = \frac{10\,H \times H}{2}$$

d'où

$$H = 1^m.86$$

Comme dans les conditions de la pratique, et eu égard à l'abondance des dépôts, on ne peut arriver à laisser moins de 30 à 35 centimètres de vase sur le fond de rocher du bassin, il en résulte que les grands mouillages de ce bassin, que l'on croyait avoir porté à 7 mètres et $7^m.50$, sont en réalité réduits pour des navires de la longueur des paquebots transatlantiques à $6^m.70$ et $7^m.20$, bien entendu lors des faibles marées de morte eau.

Au total, l'entretien très-imparfait du bassin de Saint-Nazaire exige l'extraction de vases dont la densité variera de 1 196 à 1 397 et serait en moyenne de 1 296; un entretien rigoureusement suffisant, l'extraction de vases dont la densité variera de 1 180 à 1 323 et serait en moyenne de 1 251, et l'entretien complet, celle de vases dont la densité variera de 1 175 à 1 263 et serait en moyenne de 1 219.

Le volume de la vase introduite chaque année ramenée à la densité-limite 1 430 étant de 60 600 mètres cubes, on en peut enfin conclure que, suivant l'état que l'on jugera nécessaire, on aura à extraire dans le même laps de temps un volume de 90 900, 109 080 ou de 126 650 mètres cubes de vases à des densités de moins en moins grandes, il est vrai, mais qui, dans les conditions de la pratique, ne diffèrent cependant point assez pour que le prix d'extraction de l'unité ne reste pas sensiblement le même.

Ces résultats, établis à la fin de 1859, ont été confirmés par plus de six années d'expérience. Pendant la période de mise en état du bassin, du 1er mai 1861 au 20 octobre 1863, on a dû extraire chaque année en moyenne, déduction faite, bien entendu, de l'arriéré qu'il fallait regagner, 94 164 mètres cubes de vases et pendant la période d'entretien, du 20 octobre 1863 au 31 juillet 1867, 114 658 mètres cubes. Ces chiffres sont bien d'accord avec ceux annoncés, car si, d'une part, à la fin de la première période, l'état du bassin était bon, il était détestable au commencement, puisqu'il existait un arriéré de 175 873 mètres cubes correspondant à une hauteur moyenne de 1m.67, et, de l'autre, pendant la période d'entretien, l'insuffisance des crédits annuels, qui n'ont jamais pu être portés au chiffre que nous avions indiqué, n'a guère permis de maintenir cet entretien qu'à un état suffisant. Il y a eu en moyenne un arriéré de 47 400 mètres cubes correspondant à une hauteur moyenne de dépôt de 0m.45.

Envasement du chenal. — La constitution des vases du chenal est sensiblement la même que celle des vases du bassin, bien que leur tassement soit sans doute un peu plus rapide à raison d'une plus grande agitation des eaux et d'une un peu moindre ténuité des matières, la mer en se retirant devant surtout remporter les plus fines. L'abondance des dépôts est d'ailleurs telle que, dans les conditions de la pratique, on ne peut avoir à extraire que des vases relativement jeunes et à peu près de même densité ; de simples sondages devaient donc permettre d'en établir rapidement le régime.

Il est résulté de la discussion de ces sondages que l'apport journalier croît très-rapidement avec la profondeur à laquelle on veut maintenir le chenal, que si le plafond de ce chenal est très en contre-bas des vasières (6 à 7 mètres), comme à Saint-Nazaire, l'apport est sensiblement le même quelle que soit la saison, mais qu'il en serait différemment pour un chenal peu profond, l'envasement étant plus rapide, et de plus en plus à mesure que la profondeur diminue, dans la saison des calmes que dans celle des vents. Ces faits s'expliquent, mais ce n'est point ici le lieu d'insister. Il nous suffira de donner le tableau des hauteurs de l'apport journalier pour les profondeurs voisines de celles des buscs des écluses.

PROFONDEUR DU CHENAL		HAUTEUR de l'apport journalier.
au-dessous des basses mers de vive eau d'équinoxe.	au-dessus du busc de la grande écluse.	
mètres.	mètres.	mètres.
3.20	0.00	0.0467
3.10	0.10	0.0432
3.00	0.20	0.0400
2.90	0.30	0.0371
2.80	0.40	0.0345
2.70	0.50	0.0321
2.60	0.60	0.0299
2.50	0.70	0.0279
2.40	0.80	0.0260
2.30	0.90	0.0242
2.20	1.00	0.0225
2.10	1.10	0.0208
2.00	1.20	0.0192
1.90	1.30	0.0176
1.80	1.40	0.0161
1.70	1.50	0.0146

Ce tableau sous les yeux, si l'on se reporte à ce que nous avons dit des différents états d'entretien du bassin compatibles avec une plus ou moins grande liberté de mouvement des navires dont la quille est engagée dans la vase, si en d'autres termes on reconnaît la nécessité de ne voir jamais le plafond du chenal à plus de 1m.20, 0m.70 et 0m.35 au-dessus du busc de la grande écluse, soit en moyenne de plus de 0m.60, 0m.35 et 0m.175, comme d'ailleurs la superficie du chenal est de 13500 mètres quarrés, il est facile de conclure que les volumes de vase à extraire chaque année seront, suivant les cas, de 147 332, 189 709 et 201 042 mètres cubes.

Comme pour le bassin, ces résultats annoncés dans le rapport du 10 décembre 1859 ont été confirmés par la longue expérience poursuivie du 1er mai 1861 au 31 juillet 1867. Pendant ces soixante-quinze mois, on a extrait du chenal 1 188 648 mètres cubes de vase, soit en moyenne, chaque année, 190 188 mètres cubes. L'entretien du chenal a été à peu près suffisant, mais la faiblesse des crédits n'a permis que bien rarement de le considérer comme complet.

Envasement total. — Au résumé, laissant de côté, comme ne répondant pas aux besoins réels de la navigation, un état d'entretien dans lequel on ne pourrait que haler les navires, il résulte de l'étude qui précède que, pour utiliser les tirants d'eau créés à Saint-Nazaire, il faut extraire les volumes de vases consignées au tableau suivant :

	PAR AN			PAR MOIS.	PAR JOUR.
	dans le bassin.	dans le chenal.	Total.		
Pour un entretien rigoureusement suffisant.	mèt. c. 109 080	mèt. c. 189 709	mèt. c. 298 789	mèt. c. 24 899	mèt. c. 819
Pour un entretien complet. .	126 650	201 042	327 692	27 308	898

Ces vases sont à des densités très-diverses, mais, comme nous l'avons déjà fait remarquer, les moyennes dans chacun des cas ne diffèrent point assez pour que le prix d'extraction du mètre cube ne soit pas sensiblement le même et que par suite la dépense ne soit pas proportionnelle au cube total extrait.

Il nous reste à ajouter que dans la pratique, quelle que soit la dépense que l'on veuille faire, il n'est pas possible d'atteindre à la fois partout à l'état d'entretien complet. Il faudrait pour y arriver disposer d'un matériel de dragage hors de toute proportion avec les besoins réels et déranger constamment les navires qui, en certains points, ne pourraient séjourner même pendant quelques semaines. Mieux vaut pour le commerce lui-même perdre quelques décimètres des mouillages promis, ce qui n'a lieu du reste que pendant quelques jours des plus faibles mortes-eaux, et nous ne pensons pas qu'on puisse arriver à un état d'entretien exigeant jamais l'extraction annuelle de plus de 315 000 mètres cubes de vase.

Matériel de dévasement. — En présence d'un envasement

aussi considérable, le port de Saint-Nazaire, qui a été établi sans qu'on ait suffisamment pressenti l'importance de cet envasement, ne dispose d'aucun moyen de dévasement naturel. Le premier bassin à flot, qui ne peut être alimenté que par les eaux de la rade, n'a pas de prise d'eau de superficie (*). Quant au chenal, on a bien disposé trois aqueducs de chasse dans les bajoyers des écluses, mais les chasses qu'on ne peut provoquer qu'en abaissant le plan d'eau dans le bassin jusqu'au niveau normal de la retenue et qui n'ont qu'un très-faible volume (moins de 200000 mètres cubes dans les conditions les plus favorables), sont sans efficacité. Elles tombent dans un chenal de 64 mètres de largeur, où il doit rester une hauteur d'eau de 3 mètres à $3^{m},50$ dans les plus basses mers de vive eau d'équinoxe et dont la section mouillée est par suite d'environ 200 mètres superficiels; aussi ne sommes nous jamais même parvenu à déterminer un courant de surface bien apparent. Dans une circonstance exceptionnellement favorable, nous avons pu cependant renvoyer du chenal dans une chasse environ 1 700 mètres cubes de vase, mais il nous faut malheureusement ajouter que la quantité d'eau sale rentrée à la marée suivante dans le bassin a laissé dans celui-ci un cube de vase certainement supérieur, et les vases ne coûtassent-elles pas plus à extraire dans le bassin que dans le chenal, que l'opération eût encore été désastreuse.

On augmenterait sans doute l'efficacité des chasses au

(*) Une prise d'eau de superficie n'aurait d'ailleurs d'efficacité qu'à la condition d'être complétement maître du niveau de l'eau dans le bassin, de ne jamais mettre celui-ci en communication avec la rade et, comme conséquence, de ne laisser entrer et sortir les navires qu'en les sassant. Les écluses actuelles ne se prêtent pas à ce mode d'exploitation, mais des dispositions convenables ont été adoptées pour le second bassin aujourd'hui en construction et nous croyons pouvoir affirmer que dans ce bassin, qui ne sera cependant également alimenté que par les eaux de cette rade, l'envasement sera, sinon tout à fait nul, du moins insignifiant.

moyen de guideaux et mieux d'engins analogues aux bacs à râteaux; mais, à part qu'on pourrait craindre de provoquer à l'extrémité du chenal la création d'une barre qu'on n'aurait aucun moyen d'attaquer, l'opération ne serait certainement point économique tant qu'on ne disposera que d'un volume de chasses relativement aussi faible, et il faut tout au moins attendre pour la tenter que l'achèvement du second bassin permette de le tripler.

Au total, ce n'est qu'à l'aide de moyens mécaniques que l'on devait songer à extraire et transporter à environ 1 500 mètres pour le jeter dans les grands courants de la rade, où la quantité de vase en mouvement est telle qu'on ne peut sensiblement l'augmenter, l'énorme volume de vase qui envahit chaque année le port de Saint-Nazaire. La situation était telle d'ailleurs, il ne faut pas se le dissimuler, que si l'on n'avait pu disposer que des engins jusqu'ici en usage pour le dévasement des ports, on eût probablement dû, eu égard à l'extrême difficulté qu'éprouvent les dragues à saisir des vases semi-fluides et quels que fussent les sacrifices, renoncer à entretenir ce nouveau port à toute sa profondeur.

Différentes circonstances, en conduisant à la création d'un nouvel engin, sont heureusement venues changer ces fâcheuses conditions.

Dans une visite faite à Saint-Nazaire dans le courant de 1857, M. l'inspecteur général Tostain, frappé de la ressemblance des vases de ce port avec les laitances de chaux qui se produisent lors des grands emplois de béton sous l'eau, avait exprimé la pensée qu'on pouvait également les pomper. M. l'inspecteur général Jégou, alors ingénieur en chef du service, avait en conséquence donné l'ordre d'affecter à un essai d'anciennes pompes d'épuisement du bassin qui se trouvaient encore en place. Ce premier essai avait été assez satisfaisant pour que, lorsque nous avons pris le service en 1858, M. Jégou nous ait invité à le poursuivre sur une grande échelle, et, de fait, bien qu'il ait fallu reconnaître que les vases n'arrivaient pas au pied des pompes par le seul effet de la pesanteur comme on l'avait d'abord espéré, nous avons pu jeter sur leurs crépines, pomper et élever dans une année, à 3 ou 4 mètres au-dessus du niveau de l'eau, près de 200000 mètres cubes de vase, qu'un couloir en charpente de 125 mètres de longueur, auquel nous n'avions pu donner qu'une pente de $0^{m}.036$ par mètre, conduisait cependant sans difficulté à la mer.

De cette intéressante expérience, suivie de très-près, ressortait en somme qu'on pouvait très-bien pomper les vases de Saint-Nazaire, que l'usure des tuyaux d'aspiration, des corps de pompe et des pistons était du fait de ces vases à peu près insignifiante, et qu'enfin rien n'était plus facile que de les diriger dans des couloirs à très-faibles pentes. Il nous vint dès lors à la pensée d'installer sur un bateau, pourvu d'ailleurs de compartiments à double fond avec soupapes de décharge et de couloirs de distribution convenablement disposés, des pompes que l'on transporterait alors et qui agiraient directement sur les dépôts mêmes qu'on avait à attaquer. Une même machine à vapeur pouvant être alternativement attelée, tantôt sur le mécanisme d'entraînement des pompes pendant le remplissage du bateau, tantôt sur l'arbre d'un propulseur hélicoïde quand ce bateau, une fois plein, aurait à conduire son chargement en rade, il n'y aurait jamais de chômages, et l'économie nous paraissait devoir être d'autant plus grande que quand les crépines des pompes sont descendues dans la vase il y a moins de chance de rapporter de l'eau étrangère qu'avec les godets des dragues ordinaires; qu'il ne se produirait pas de chocs continuels comme dans ces derniers appareils et qu'on n'aurait, enfin, à élever les matières qu'à la hauteur rigoureusement suffisante pour les faire descendre dans les couloirs. Nous crûmes devoir en conséquence étudier le programme d'un pareil engin et le joindre à un rapport en date du 12 juin 1858. Ce programme immédiatement approuvé par l'administration supérieure et habilement réalisé par MM. Gâche aîné, Jollet et Babin, constructeurs à Nantes, nous étions, en fin de compte, au mois de juillet 1859 en possession d'un premier bateau pompeur et porteur.

Ce bateau a répondu à tout ce que nous pouvions en attendre, et, après de très-légères modifications apportées après une première expérience, s'est trouvé être de premier jet un instrument complet. D'une manœuvre facile, il attaquait et transportait à des prix extrêmement avantageux, non-seulement les vases initiales à 1 175, mais couramment celles à 1 225 et pouvait même prendre encore celles à 1 275; il constituait en somme le véritable engin de dévasement du port de Saint-Nazaire; aussi lorsque, à la fin de 1859, nous avons eu à proposer de constituer définitivement le matériel d'entretien de ce port, nous n'avons pas hésité à demander l'autorisation de construire deux autres bateaux en tout semblables bien qu'un peu plus grands (*), en y ajoutant toutefois une drague ordinaire à godets nécessaire pour attaquer les dépôts les plus anciens, ceux excep-

---

(*) La capacité des puits à vase du premier bateau est de 236 mètres cubes; mais, en tenant compte de la quantité d'eau que l'on aspire forcément quand on abaisse les tuyaux d'aspiration ou quand on les relève, nous n'admettons qu'une capacité utile de 220 mètres cubes. Trois bateaux pareils eussent rigoureusement suffi à l'entretien du port, mais il a paru préférable d'augmenter les dimensions des deux derniers, afin de n'avoir que deux bateaux en travail, si ce n'est pendant les longs jours de l'été. On peut n'avoir ainsi que deux équipages qui ne chôment jamais, car l'un des bateaux est toujours en mesure de servir de rechange aux deux autres. La capacité utile des puits à vases des bateaux n°s 2 et 3 a été en conséquence portée à 275 mètres cubes.

Le bateau n° 1 est d'ailleurs pourvu d'une machine à vapeur de 20 chevaux de 200 kilogrammètres mesurés sur le piston, capable de lui imprimer à pleine charge la vitesse de 5 nœuds nécessaire pour doubler les courants de la rade. Les deux autres ont des machines de 25 chevaux qui leur donnent la même vitesse.

tionnellement tassés par l'échouage des navires et ceux enfin qui avoisinent les quais et sont mélangés de sable entraîné par les eaux qui, en temps de pluie, coulent en abondance par-dessus les tablettes. Ces derniers sont complétement rebelles à l'action des pompes. Ces propositions ont été approuvées par décision ministérielle en date du 10 mars 1860 et le matériel définitif immédiatement commandé.

Les bateaux pompeurs et porteurs de Saint-Nazaire, construits d'ailleurs en fer, sont figurés dans les Pl. 195 et 196.

Les *fig.* 1 et 2, Pl. 195, donnent les élévations latérale et de face de l'un de ces bateaux, en travail par une profondeur d'eau de 8^{m}.50. Nous appelons l'attention sur ce fait, établi d'ailleurs par l'expérience, qu'il ne faut pas que la crépine qui réunit les deux tuyaux d'aspiration soit engagée dans la vase de plus de 40 à 50 centimètres. Quand il en est autrement, il devient difficile de faire avancer le bateau en virant sur les treuils de l'avant, et il ne tarde point à se former au-dessus de la crépine un entonnoir qui conduit aux pompes autant d'eau que de vase. Le mouvement continu en avant du bateau est, en somme, aussi nécessaire que le mouvement continu en travers des dragues ordinaires pour faire un bon travail.

A l'aspect des dessins, on reconnaît du reste que quelles que soient les profondeurs, qui varient à Saint-Nazaire de 3^{m}.20 dans le chenal de basse mer à 9^{m}.50 dans ce chenal et dans le bassin de haute mer de vive eau, l'attaque des dépôts vaseux est toujours aussi facile. On irait même beaucoup plus bas puisque les tuyaux peuvent descendre jusqu'à la verticale, c'est-à-dire à plus de 20 mètres.

L'équipage employé à la manœuvre de chaque bateau est le plus ordinairement composé de dix hommes : un patron, un mécanicien, un chauffeur, six manœuvres et un mousse. Le nombre des manœuvres peut être cependant réduit à cinq, ce que l'on fait pendant l'été lorsque les trois bateaux sont en service; mais pendant le reste de l'année, alors que l'on peut craindre des accidents de mer, il a paru d'autant plus opportun de maintenir les équipages des deux bateaux en travail au complet qu'on a ainsi sous la main un noyau d'hommes expérimentés, quand vient le moment de former l'équipage du troisième bateau.

Nous n'avons rien à dire de la drague à godets qui complète le matériel de dévasement. On a dû seulement élever les produits du dragage un peu plus haut que de coutume afin de les déverser dans les bateaux pompeurs qui servent de porteurs pour la drague et disposer le ber de façon à pouvoir attaquer les vases jusqu'à $9^{m}.50$ au-dessous de la surface de l'eau. Cet appareil est d'ailleurs peu puissant: il a paru suffisant de donner à la machine motrice une force de 16 chevaux.

En définitive, le 1er mai 1861, nous avions à notre disposition :

	francs.
Un premier bateau pompeur et porteur d'une capacité de 220 mètres cubes ayant coûté, y compris quelques perfectionnements apportés après coup.	137 000.00
Deux autres bateaux semblables, mais d'une capacité de 275 mètres cubes, revenant ensemble à	304 983.73
Une drague de 16 chevaux valant.	85 115.77
Et des rechanges (notamment deux chaudières, l'une pour la drague, l'autre pour les bateaux), et un outillage évalués à.	34 828.22
Soit un matériel de.	561 927.72

Résultats obtenus. — Nous avions annoncé qu'avec ce matériel on devait remettre rapidement le port de Saint-Nazaire en état et l'entretenir avec une dépense annuelle d'environ 70 000 francs. L'expérience a confirmé ces prévisions.

Du 1er mai 1861 au 31 juillet 1867, c'est-à-dire pendant une période de soixante-quinze mois, l'ensemble des crédits mis à notre disposition, tant pour entretenir le port que pour regagner le terrain perdu, s'est élevé à.	francs. 461 778.79
Somme dont il convient de retrancher les outils et matières premières restant en magasin le 1er août 1867, évalués à.	2 800.00
Et la dépense totale a été en somme de.	458 978.79
Pendant cette longue période il a été extrait, tant du chenal que du bassin, et transporté à 1 500 mètres en rade un cube de vase de.	mètres cubes. 1 984 259
Ce qui fait ressortir le prix moyen du mètre cube de dévasement à.	francs. 0.231

Le port a été mis en état en regagnant un arriéré de 129 702 mètres cubes, qui a, en conséquence, coûté 29 961f.16, et l'on a consacré en moyenne chaque année à son entretien la somme de 68 544f.42 qui n'a pas permis de le maintenir dans une situation aussi satisfaisante que nous l'eussions désiré, mais cependant acceptable parce qu'on a pu négliger les abords de quelques portions de quais qui, par suite de circonstances particulières, ne devaient pas être laissés à la disposition du commerce.

Pour que l'entretien eût été partout ce que nous avons dit être rigoureusement suffisant, nous avons vu qu'il eût fallu extraire chaque année 298 789 mètres cubes de vase qui, à 0f.231 le mètre cube, eussent coûté 69 020f.26, et pour qu'il eût été aussi complet que le permettent les conditions d'exploitation du port, il eût fallu en extraire 315 000 mètres cubes qui, au même prix, eussent coûté 72 765 francs.

Il est déjà regrettable que le crédit annuel d'entretien n'ait pas atteint tout au moins le premier de ces chiffres, et à mesure que les mouvements de la navigation prendront plus d'importance, il sera indispensable de se rapprocher de plus en plus du second. Ces chiffres n'en sont pas noins suffisamment d'accord avec ceux que nous établissions il y a neuf ans.

Le prix de revient de $0^f.231$ par mètre cube de vase extraite et transportée ne comprend, il est vrai, que les dépenses annuelles, c'est-à-dire, les frais de main-d'œuvre, la fourniture du charbon et des autres matières, et les réparations ordinaires. Pour ne laisser de côté aucun des éléments de la question, il est nécessaire de tenir compte de l'usure et des chances d'accident du matériel flottant considérable affecté au dévasement, en d'autres termes d'un amortissement et même des intérêts du capital engagé.

Il était bien difficile de savoir *à priori* ce que devait être cet amortissement. Celui des navires à voiles en fer n'est pas même encore bien connu. Dans une étude publiée en décembre 1866, la plus récente, sur ce sujet, que nous connaissions, M. Lissignol l'évalue au maximum à 4 p. 100 par an; c'est évidemment trop peu pour l'ensemble d'un bateau pourvu d'un appareil à vapeur et de mécanismes assez compliqués, astreint d'ailleurs à un service très-pénible, et nous avons dû chercher dans notre pratique elle-même les éléments d'une évaluation au moins approximative.

Nous avons en conséquence prié les constructeurs du matériel de faire l'estimation du plus ancien de nos bateaux huit ans et deux mois après sa mise en service. La valeur de ce bateau, établie avec le plus grand soin, a été portée par eux à 57 300 francs et, comme il avait coûté 137 000 fr., la dépréciation pendant ce laps de temps a donc été de 79 700 frans, soit par an de $9\,755^f.20$, ce qui représente 7.12 p. 100 du capital engagé. La même dépréciation paraît pouvoir être admise pour l'ensemble du matériel.

Quant aux risques à courir, aux chances d'accident, pendant six ou sept ans d'exploitation nous n'avons eu qu'une avarie sérieuse, toutes les avaries ordinaires étant d'ailleurs au compte de l'entretien. Un des derniers bateaux pompeurs, jeté de basse mer par un patron imprudent sur l'une des roches de la rade, a coulé par 6 mètres d'eau et il a fallu dépenser, tant pour le retirer que pour le réparer, la somme considérable de 70 438f.37. Si l'opération de dévasement avait été terminée le 31 juillet 1867, comme l'âge moyen du matériel était alors de six ans et neuf mois, cette somme, répartie sur l'ensemble, serait représentée par un risque annuel de 10 208f.46, et en tenant compte de la valeur exposée, de 1.82 p. 100.

A défaut d'autres données, nous admettrons celle-ci comme l'expression du risque que court chaque année le matériel de dévasement, et au total, l'amortissement nous semble devoir être porté à 7.12 + 1.82 = 8.94, soit en nombre rond 9 p. 100 par an, bien que ce chiffre soit vraisemblablement trop élevé. Il est peu probable en effet qu'un accident aussi grave que celui que nous avons eu à signaler se reproduise tous les six ou sept ans, et il serait d'ailleurs juste de capitaliser l'amortissement.

	francs.
L'intérêt du capital engagé doit, de son côté, être porté à 5 p. 100, et il est dès lors facile d'établir qu'au prix primitif de.	0.231
Il faut ajouter pour amortissement du matériel.	0.159
Pour intérêts.	0.088
Ce qui porte en définitive à.	0.478

le prix moyen du mètre cube de vase extraite du chenal ou du bassin et transportée à 1 500 mètres.

La dépense annuelle totale d'entretien doit être également portée de 69 020f.26 à 142 821f.14 pour que cet entretien soit rigoureusement suffisant, et de 72 765 francs à 150 570 francs pour qu'il soit complet.

Telles sont, en fin de compte, les dépenses totales moyennant lesquelles on est aujourd'hui en mesure de soutenir la lutte incessante qu'impose l'envasement du port de Saint-Nazaire, dont, nous l'avons dit, l'avenir, si inquiétant aux débuts, est aujourd'hui assuré. Bien que ces dépenses soient individuellement très-faibles, et nous le ferons mieux voir dans la seconde partie de ce mémoire, elles sont cependant élevées dans leur ensemble, mais du moins certainement en rapport avec l'importance du nouveau port créé il y a dix ans à l'embouchure de la Loire. Les travaux déjà exécutés et ceux en cours d'exécution sont en effet évalués à 27 millions. Par le fait de l'envasement, le capital qu'on voulait consacrer à cette création se trouve porté à 30, puisque la dépense totale annuelle de dévasement correspond à un capital de 3 millions, et l'augmentation n'est point assez considérable pour que les considérations qui motivaient l'emploi d'une somme aussi importante ne conservent toute leur valeur. Quand on se sera d'ailleurs dit que là où n'existait rien en 1856, on a eu à constater en 1867 un mouvement de navigation maritime et fluviale de 681 431 tonnes, sans cesse croissant, que depuis six ans le double service transatlantique des Antilles et du Centre-Amérique, que l'État subventionne chaque année par millions, trouve à Saint-Nazaire des conditions de régularité et de sécurité remarquables, on pensera encore avec nous qu'aucune dépense n'aura été, parmi toutes celles consacrées à l'amélioration et à la création de nos ports, plus utilement employée.

Prix de revient. — Nous n'avons donné ci-dessus que le total des dépenses faites et le cube total de la vase extraite, tant du bassin à flot que du chenal, pendant les soixante-quinze mois qu'a duré l'opération dont nous nous proposions de rendre compte; il y a quelque intérêt, en présence de cette longue expérience de dragage faite en régie et suivie avec beaucoup de soin, à entrer dans le détail de ces dépenses et à en déduire, suivant les circonstances et le mode d'extraction de la vase, le prix de revient du mètre cube. C'est ce que nous essayerons de faire dans la seconde partie de ce mémoire.

Les résultats de l'opération sont, dans leur ensemble, résumés dans le tableau suivant (pages 26 et 27) :

De ce tableau ressort tout d'abord que le prix moyen du mètre cube de vase transportée à 1500 mètres, draguée pour les 39 centièmes et pompée pour les 61 autres, est, comme nous l'avons déjà dit, de 0f.231, qu'il convient de porter à 0f.478 si l'on tient compte des intérêts et de l'amortissement du capital engagé.

Ce prix est incontestablement très-faible, d'autant plus faible que la main-d'œuvre est chère à Saint-Nazaire (*), pour l'extraction et le transport de vase qu'il fallait extraire dans un bassin dont on ne peut sortir qu'à la pleine mer ou par voie de sassement, ou dans un chenal étroit sans cesse encombré de navires, qui obligent même à suspendre toute opération au voisinage de la pleine mer, et conduire en rade en restant soumis à toutes les chances d'avaries et à tous les chômages qui peuvent résulter de l'état de la mer et des brumes.

On n'eût certainement pas pu l'obtenir d'un entrepreneur, si même il s'en était présenté, et l'opération a été en somme des plus avantageuses, mais, il faut bien le dire, en imposant aux ingénieurs et agents du service une grande responsabilité et une lourde sujétion.

On ne peut pas aussi directement établir le prix du mètre cube de vase draguée et transportée d'une part, pompée et transportée de l'autre ; il est cependant encore facile d'y parvenir en ayant recours à des faits observés pendant l'expérience.

Le prix moyen du mètre cube pris sous la drague et transporté, ou pompé et transporté par les bateaux pompeurs et porteurs, ressort ainsi qu'il suit du tableau présenté ci-dessus :

(*) Le simple manœuvre était payé 90 francs par mois, en déduisant les jours d'absence à raison de 3 francs chaque ; les patrons et conducteurs de machines de 120 à 135 francs.

	DÉPENSES.				
	CHARBON.		RÉPARATIONS et fournitures diverses.	MAIN-D'OEUVRE.	TOTALES.
	Quantité.	Prix (a).			
	hectol.	francs.	francs.	francs.	francs.
Drague à godets. . . .	11 405	27 705.45	70 720.56	64 866.12	163 292.13
Drague de la Loire (b).	»	»	»	»	4 266.27
Bateau n° 1.	5 454	13 279.25	20 950.97	45 936.58	80 166.80
Bateau n° 2.	8 142	19 787.30	25 651.97	58 108.33	103 547.60
Bateau n° 3.	7 710	18 681.90	30 488.66	58 535.43	107 705.99
		Dépense totale.			458 978.79

Vase draguée. . . . .

Vase pompée . . . .

Cube total de la vase extraite et transportée

(d) Le prix du mètre cube de vase pompée et transportée, ou prise sous la drague et transportée, s'établit en conséquence ainsi qu'il suit pour chaque bateau :

	BATEAU N° 1.	BATEAU N° 2.	BATEAU N° 3.
	francs.	francs.	francs.
Dépenses en charbon	0.028	0.026	0.025
Réparations et fournitures diverses.	0.044	0.034	0.041
Main-d'œuvre.	0.096	0.077	0.078
Total.	0.168	0.137	0.144

	francs.
Dépense en charbon.	0.026
Réparations et fournitures diverses.	0.039
Main-d'œuvre.	0.082
Prix moyen total.	0.147

	heur.	min.
D'observations souvent contrôlées il résulte que, dans les conditions de l'opération, il a fallu en moyenne, pour pomper la vase nécessaire au chargement d'un bateau.	3	30
Pour la transporter, la décharger et ramener le bateau, y compris les pertes de temps au passage des écluses et autres.	1	20
Soit ensemble.	4	50

CUBE DE LA VASE				NOMBRE de voyages effectués par chaque bateau (c)	OBSERVATIONS.
draguée.	prise sous la drague et transportée.	pompée et transportée.	Total par bateau (d).		
m. c.	m. c.	m. c.	m. c.		
767 742					
5 060					
772 802					
	183 480	293 920	477 400	2 170	
	291 222	465 302	756 524	2 751	
	298 100	452 235	750 335	2 728 1/2	
				7 649 1/2	
. . . . .	772 802				
. . . .		1 211 457			
à 1 500 mètres.			1 984 259		

(a) Le prix de l'hectolitre de charbon, mélange par moitié de Cardiff et de Sunderland, a un peu varié pendant l'opération. Il ressort en moyenne à 2fr.43, soit à 31fr.60 la tonne de 1 000 k.

(b) Le service transatlantique du Mexique a été inopinément installé alors qu'on commençait l'opération et que le port était encore en mauvais état ; il a fallu recourir pendant quelques mois à une vieille drague du service de la Loire, qui n'a fait du reste que de mauvaise besogne.

(c) Soit en moyenne par an et par bateau 408 voyages. — Ce nombre de voyages a été de 517 quand, pendant la période de mise en état, on avait 3 équipages en service et des bateaux d'ailleurs neufs. Il a été réduit à 368 par bateau pendant la période d'entretien quand on n'a plus eu que 2 équipages, mais chaque équipage faisait alors en moyenne dans l'année 552 voyages.

Nous ferons voir plus loin qu'il en coûte à peu près autant pour prendre la vase sous la drague et la transporter que pour la pomper et la transporter (la proportion de la vase simplement transportée est d'ailleurs sensiblement la même par bateau, respectivement 38, 38 et 40 p. 100); on peut donc dès lors considérer les résultats ci-dessus comme comparables. Les bateaux nos 2 et 3, construits sur le même modèle et pourvus de machines pareilles, ont donné, dans la longue expérience à laquelle on les a soumis, des résultats à peu près identiques. Le no 2 a cependant exigé des frais de réparations moindres que le no 3, mais cela tient à ce que, en cours d'opération, ce bateau a coulé en rade et qu'après l'avoir sauvé on a dû le réparer et le remettre à neuf; il y a donc eu moins à l'entretenir sur les fonds du dévasement proprement dits. Quant au bateau no 1, d'une capacité moindre et pourvu d'une machine plus faible alors que l'équipage devait être le même, il devait conduire, et a conduit, à un prix de revient plus élevé par mètre cube.

	heur.	min.
Pour recevoir sous la drague la vase nécessaire au chargement d'un bateau.	5	10
Pour la transporter, etc., comme ci-dessus.	1	20
Soit ensemble.	6	30

Dans le premier cas les feux de la machine sont poussés pendant toute la durée de l'opération ; dans le second ils ne le sont que pendant 1h.20 et l'on ne fait que maintenir la pression tant que le bateau se trouve sous la drague. La consommation est alors réduite à peu près au tiers, en tenant compte d'ailleurs de ce qu'il faut cependant forcer les feux un peu avant le départ, ce qui fait, en somme, que l'opération totale pour la vase draguée exige une quantité de charbon pareille à celle qui serait nécessaire pour un allumage complet pendant trois heures.

Ceci établi, comme la consommation de charbon est proportionnelle à la durée de cet allumage, comme la dépense en main-d'œuvre est proportionnelle à la durée totale de chaque opération, comme les réparations et fournitures diverses sont sensiblement les mêmes pour le chargement de vase pompée que pour celui de vase draguée, puisque les chances d'accident, la fatigue à la mer sont pareilles et qu'on ne doit établir qu'une très-légère différence en faveur du second eu égard à ce qu'on n'a point à entretenir les pompes et leurs transmissions, comme on connaît enfin le rapport du cube total de la vase pompée à celui de la vase draguée, des calculs trop simples pour qu'il y ait lieu d'insister conduisent alors aux prix de revient consignés au tableau suivant, en extrayant d'ailleurs du tableau général celui du dragage proprement dit :

	VASE pompée et transportée.	VASE DRAGUÉE ET TRANSPORTÉE.			OBSERVATIONS.
		Extraction.	Transport.	Total.	
	francs.	francs.	francs.	francs.	
Dépense en charbon.	0.031	0.036	0.019	0.055 (a)	(a) A ces dépenses correspondent des poids de charbon respectivement consommés de 0k.98, 1k.14, 0k.60 et 1k.74.
Réparations et fournitures diverses.	0.040	0.092	0.038	0.130	
Main-d'œuvre. . . .	0.072	0.084	0.097	0.181	
Prix de revient. . .	0.143	0.212	0.154	0.366 (*)	

(*) Les prix de revient établis au présent tableau ont un contrôle nécessaire; appliqués aux cubes extraits, ils doivent reproduire la dépense faite. Il est facile de voir qu'il en est ainsi.

mèt. cubes.			francs.
767 742	de vase draguée par l'appareil de Saint-Nazaire à 0f.366 le mètre cube.		280 993.57
5 060	de vase draguée par l'appareil de la Loire.	francs.	
	Dragage.	0.843	
	Transport.	0.154	
		0.997	5 044.82
1 211 457	de vase pompée à 0f.143 le mètre cube.		173 238.35
	Total.		459 276.74
	La dépense a été en réalité de.		458 978,79
	mais la différence.		297.95

est tout à fait insignifiante et due d'ailleurs en grande partie à ce qu'on a négligé les quatrièmes décimales et forcé les troisièmes.

A ces prix de revient il faut ajouter, comme nous l'avons déjà fait pour le prix moyen du dévasement, la part afférente à l'amortissement et aux intérêts du capital engagé dans la construction du matériel qui a été établie en moyenne par mètre cube

	francs.
Pour l'amortissement à.	0.159
Pour les intérêts à.	0.088
Soit ensemble à.	0.247

Cette part doit être, en tenant d'ailleurs compte de la quantité de chaque espèce d'ouvrage exécutée pendant l'opération, dans la proportion de la valeur du matériel nécessaire pour faire dans le même temps la même besogne en tant que cube extrait et transporté. Or il résulte des observations relatées plus haut que pendant que l'on pouvait draguer et transporter trois chargements du bateau moyen, on pouvait à très-peu près en pomper quatre.

	francs.
On faisait donc la même besogne, les rechanges étant supposés répartis proportionnellement, en vase pompée avec $\frac{3}{7}$ du bateau moyen valant.	63 140.52
Qu'en vase draguée avec une drague de.	85 115.77
Et $\frac{4}{7}$ du bateau moyen valant.	84 187.36
Soit ensemble.	169 303.13

On en conclut que l'amortissement et les intérêts du matériel représentent par mètre cube de vase pompée et transportée :

	francs.
Amortissement.	0.096
Intérêts.	0.053
Ensemble.	0.149

par mètre cube de vase draguée et transportée :

	francs.
Amortissement.	0.257
Intérêts.	0.142
Ensemble.	0.399

et qu'enfin le prix définitif du mètre cube de vase pompée et transportée s'établit ainsi :

	francs.
Dépense en charbon, fournitures diverses, entretien du matériel et main-d'œuvre.	0.143
Amortissement (usure du matériel et chances d'accidents).	0.096
Intérêts du capital engagé.	0.053
Total.	0.292

Celui du mètre cube de vase draguée et transportée comme suit :

	francs.
Dépense en charbon, fournitures diverses, entretien du matériel et main-d'œuvre.	0.366
Amortissement (usure du matériel et chances d'accidents).	0.257
Intérêts du capital engagé.	0.142
Total.	0.765

Bien que la vase pompée et la vase draguée ne soient point de même densité, comme c'est en définitive le volume d'encombrement qui intéresse la navigation, comme en outre les dragues à godets seraient à peu près impuissantes à saisir utilement les vases très-liquides, si l'on veut comparer les résultats, on peut dire qu'en somme, dans les conditions des vases auxquelles nous avions affaire, les deux systèmes de pompage et de dragage rendent également des services en ce qui concerne l'entretien du port de Saint-Nazaire, mais le premier permet de réaliser sur le second l'économie considérable de 0f.473 par mètre cube, soit de 62 p. 100, les dépenses étant dans le rapport de 38 à 100.

Il y a cependant quelque intérêt à les comparer en tant que besogne absolue, si l'on peut s'exprimer ainsi.

La densité des vases draguées a varié de 1 200 à 1 430 et a été à peu près en moyenne de 1 310; celle des vases pompées a varié de 1 175 à 1 275, bien que dans quelques essais on soit encore allé plus loin, et a été en moyenne de 1 210. La densité de l'eau de la rade étant admise de 1 026, 1 volume de vase à 1 310 correspond à 1vol.54 de vase à 1 210, et ce qui a coûté à draguer 0f.765 eût coûté, si l'on avait pu le pomper à temps :

$$1,54 \times 0^f.292 = 0^f.450$$

Le système de pompage présente donc encore, en quantité absolue, sur celui de dragage une économie de 0f.315 par mètre cube, soit de 41 p. 100, les dépenses étant dans le rapport de 59 à 100.

Il y aurait par suite un grand avantage à pomper toutes

les vases en les prenant à temps ; mais il a été établi qu'il ne pouvait en être ainsi parce que dans le bassin, loin des écluses, les dépôts ne sont pas toujours assez abondants pour que les tuyaux d'aspiration soient placés dans de bonnes conditions, parce qu'on ne peut pas sans cesse déranger les navires, parce que les sables entraînés durcissent les dépôts près des murs de quai et parce qu'enfin, dans le chenal même, les navires qui y séjournent et échouent de basse mer tassent les vases et les rendent inattaquables aux pompes. Il faut à Saint-Nazaire une drague et des bateaux pompeurs, et avec ce matériel mixte on arrive en somme à entretenir très-économiquement (relativement du moins) ce port que, quel que fût le sacrifice fait, on eût même dû, comme nous l'avons déjà fait remarquer, renoncer à maintenir à toute sa profondeur avec des dragues seulement.

On ne devrait d'ailleurs pas perdre de vue, si l'on voulait mettre en présence le système mixte de Saint-Nazaire et un système exclusif de dragage, que le bénéfice est en réalité bien plus considérable qu'il ne résulte de la comparaison des prix de revient établis ci-dessus parce que l'emploi simultané des bateaux pompeurs rend le dragage très-économique en permettant de faire alors usage de porteurs qui ne chôment pas. S'il n'en était point ainsi, s'il fallait avec des dragues employer de simples porteurs, le prix du mètre cube de vase draguée et transportée serait notablement augmenté. Nous ne pouvons l'évaluer avec la même exactitude que celui de la vase draguée aujourd'hui, mais on peut du moins, en se servant de l'expérience acquise, l'apprécier avec une exactitude suffisante.

	francs.
Le prix d'extraction resterait le même, soit de. . . .	0.212
Il faudrait, pour desservir une drague, deux porteurs (si l'on n'avait qu'une drague, il en faudrait trois pour éviter les chômages, mais, comme il serait	
A reporter. . .	0.212

		francs.
Report. . . .		0.212
nécessaire d'en avoir toujours deux en travail, quatre porteurs pourraient les desservir sans trop de peine), d'environ 100 mètres cubes pour ne pas trop multiplier les mouvements sans avoir cependant de trop longs chômages. Ces porteurs avec leur moteur coûteraient 65 000 francs chacun. Ils consommeraient par mètre cube transporté plus de charbon que les bateaux pompeurs parce que, d'une part, la capacité des bateaux croissant avec le cube de leurs dimensions, la section et partant la résistance à la traction avec le quarré seulement, il faut des machines relativement plus puissantes pour les petits bateaux et que, de l'autre, les porteurs resteraient deux heures à accomplir leur voyage ou sans travail au lieu de $1^h.20$ comme les pompeurs. On peut évaluer l'augmentation à 50 p. 100, ce qui porte par mètre cube la dépense en charbon à.	0.028	
Les réparations et fournitures diverses resteraient sensiblement les mêmes par mètre cube, soit de.	0.038	
Mais la main-d'œuvre serait considérablement augmentée parce que, d'un côté, dans le bateau de 100 mètres cubes comme dans celui de 275 mètres cubes, on devrait avoir un patron, un mécanicien et un mousse et qu'on ne pourrait faire de réduction que sur l'équipage proprement dit, encore dans une proportion moindre que celle des capacités, et que, de l'autre, il faudrait proportionnellement plus de temps pour prendre et transporter un chargement. En tenant compte de ces différentes circonstances et d'après l'expérience acquise, on peut évaluer la part de la main-d'œuvre à.	0.200	
Ce qui porte le transport du mètre cube à.	0.266	0.266
Quant à la part afférente à l'amortissement et aux intérêts, elle est évidemment dans le rapport des valeurs du matériel employé au même travail. Or, dans le système mixte, la drague, qui ne fai-		
A reporter.		0.478

	francs.
Report.	0.478
sait qu'une partie de la besogne, a pu chômer encore assez pour donner le temps d'effectuer les réparations, et il n'a fallu que cette drague et la part des bateaux pompeurs valant, comme nous avons dit. 169 303.13	
Si l'on n'employait que des dragues, comme deux de ces appareils devraient constamment travailler, il en faudrait nécessairement une de rechange, ce qui porterait en réalité la valeur d'une drague en service et de ses porteurs à. 257 673.65	
D'où l'on doit conclure que l'amortissement et les intérêts devraient être élevés de 0.399 à.	0.606
Ce qui ferait en définitive revenir le prix du mètre cube dragué et transporté comme aujourd'hui à 1500 mètres à.	1.084

au lieu de 0f.765 comme dans le système mixte.

C'est à ce prix qu'on aurait à comparer le prix de revient moyen de notre opération qui, avons-nous dit, est de 0f.478 et, laissant même de côté la possibilité de saisir avec des dragues la totalité des vases de Saint-Nazaire dont, on ne doit point l'oublier, une partie échapperait cependant à leurs godets, on voit que l'emploi du système mixte a permis de réaliser sur celui exclusif de dragues, l'énorme économie de 0f.606 par mètre cube d'encombrement, seul volume qui soit en définitive à considérer, soit de 56 p. 100, les résultats dans les deux systèmes étant dans le rapport de 44 à 100.

Cette économie serait évidemment plus grande encore si les conditions du port permettaient de pomper toutes les vases. Sans vouloir revenir sur des considérations déjà présentées, nous nous bornerons à faire remarquer qu'elle atteindrait alors 68 p. 100.

Nous n'avons point distingué, en établissant ces prix de revient, les vases extraites du chenal de celles extraites du bassin pendant l'opération de dévasement. Dans le chenal les bateaux employés au transport des vases n'ont cependant point à traverser d'écluses, ce qui ne cause du reste de retard très-appréciable qu'en dehors des heures de la pleine mer quand il faut les sasser, et il semblerait au premier abord que le prix du mètre cube de la vase extraite du chenal devrait être moins élevé que celui de la vase extraite du bassin, mais, si l'on songe que souvent pendant les deux ou trois heures qui avoisinent la pleine mer il faut suspendre toute opération dans le chenal, que les abordages et par suite les avaries sont plus à craindre et les frais de réparations dès lors plus élevés, on reconnaîtra que cet avantage disparaît et, en fait, nous n'avons pu établir de différence utile à constater entre les prix de revient dans l'un et l'autre cas.

Il en serait tout autrement si l'opération devait se faire dans des eaux libres et en dehors des mouvements des navires. La durée d'un chargement de vase draguée et de son transport, qui a été en moyenne de $6^h.30'$, serait réduite à $4^h.50'$, celle d'un chargement de vase pompée et de son transport ne serait plus que de $3^h.30'$ au lieu de $4^h.50'$ et, en se reportant à ce qui précède, il est facile de conclure que, dans des conditions analogues d'ailleurs à celles dont nous avons rendu compte, le prix du mètre cube de vase pompée et transportée à 1500 mètres n'eût plus été, y compris les intérêts et l'amortissement du matériel, que de $0^f.230$, et celui du mètre cube de vase draguée et transportée à la même distance, y compris également les intérêts et l'amortissement du matériel, que de $0^f.570$.

Le prix moyen du dévasement avec le matériel mixte produisant 39 p. 100 de vase draguée et 61 p. 100 de vase pompée, serait descendu de $0^f.478$ à $0^f.363$, et, si on avait fait exclusivement usage de dragues, il se fût trouvé également réduit de $1^f.084$ à environ $0^f.810$.

Il ne faut évidemment pas considérer les résultats de l'importante expérience de dévasement faite à Saint-Nazaire comme applicables à tous les cas. Le système qui a réussi dans ce port ne peut être employé qu'à la condition de se trouver en présence de vases entièrement privées de sable et tassant avec lenteur, mais ces circonstances ne dussent-elles se rencontrer que rarement, il n'en paraissait pas moins utile d'appeler l'attention sur la nécessité de bien étudier la nature et le régime des dépôts que l'on peut avoir à extraire et d'établir des éléments du prix de revient de dragages qui, quelles que soient les vases, ne devront jamais être que très-légèrement augmentés. Si les vases que nous avons eu à draguer n'avaient, en effet, qu'une densité moyenne de 1310, la densité de celles que l'on rencontre ailleurs ne dépasse guère 1450 ou tout au plus 1500, et on ne doit pas perdre de vue que, dans les conditions les plus défavorables, les frais d'extraction et de transport sont certainement loin de croître dans le rapport des densités.

Extrait des Annales des ponts et chaussées, tome XVIII, 1869.

Paris. — Imprimerie de Cusset et Cᵉ, rue Racine, 26.

BATEAUX POMPEURS ET PORTEURS DU PORT DE St NAZAIRE.

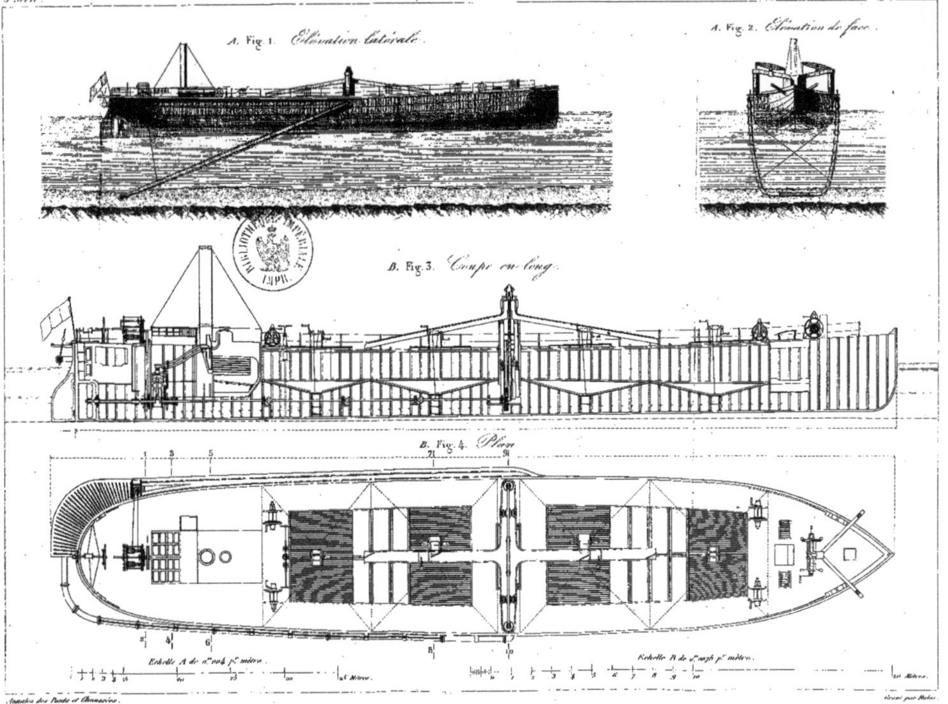

BATEAUX POMPEURS ET PORTEURS DU PORT DE St NAZAIRE.

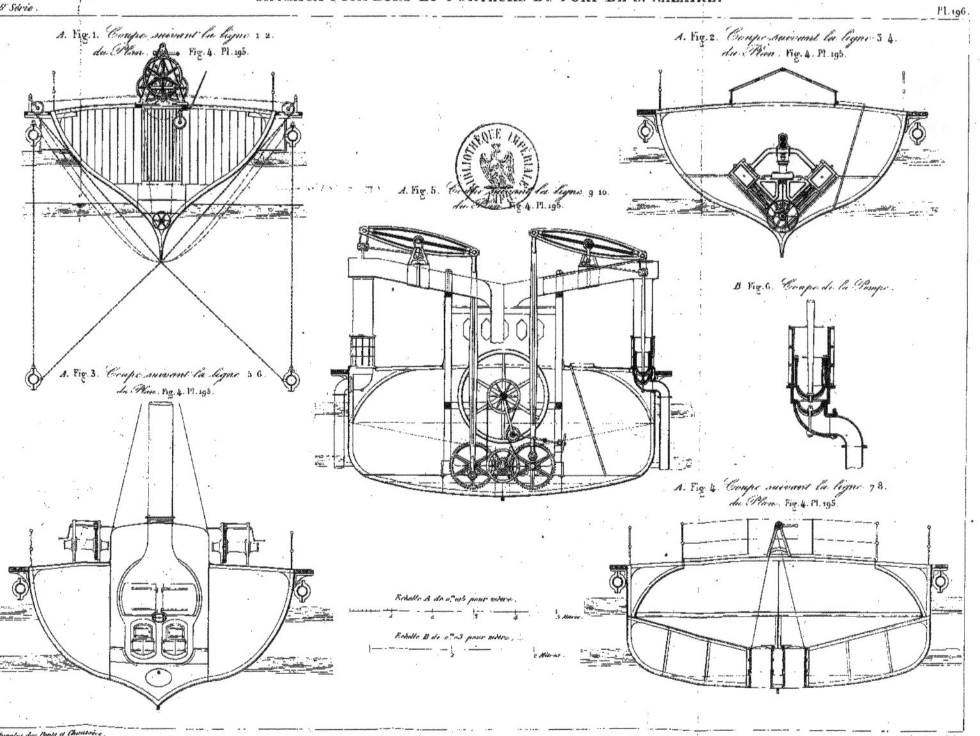

 Gravé par Dulos

On trouve à la même librairie :

RAVINET (Th.), *ancien chef de division au ministère des travaux publics.* **Code des ponts et chaussées et des mines**, ou collection complète des lois, arrêtés, décrets, ordonnances, règlements et circulaires, concernant le service des ponts et chaussées et des mines. 8 vol. in-8. 70 fr.

Les tomes I à IV, 2e *édition*, comprenant toute la législation antérieure à 1831, *se vendent séparément* 35 fr.

SGANZIN et REIBELL, *inspecteurs généraux des ponts et chaussées.* Programme ou résumé des **leçons d'un cours de constructions**, avec des applications tirées principalement de l'*Art de l'ingénieur des ponts et chaussées*, 4e édition, enrichie d'un *Atlas volumineux*, entièrement refondue et considérablement augmentée avec les notes et papiers de l'auteur, ceux de M. Lamblardie, *inspecteur général des ponts et chaussées*, et divers autres documents. 3 vol. in-4, accompagnés d'un atlas in-folio de 180 planches demi-jésus, publiés en 9 livraisons.

La 5e édition de cet ouvrage est en publication.

Prix de la livraison : 7 fr. 50 c.

DOULIOT, *ancien professeur d'architecture à l'École royale de dessin et d'architecture* ; Jay, *professeur à l'École impériale des beaux-arts* ; Claudel *et* Barré, *ingénieurs civils, anciens élèves de l'École centrale.* **Traité spécial de coupe des pierres**, contenant un traité complet de ponts biais. In-4 et atlas de plus de 120 pl. 30 fr.

DEJARDIN, *ingénieur des ponts et chaussées.* **Routine de l'établissement des voûtes**, ou Recueil de formules pratiques et de tables déterminant *à priori* et d'une manière élémentaire le tracé, les dimensions d'équilibre et de métrage des voûtes d'une espèce quelconque. In-8, avec pl., 3e tirage, 1865. 5 fr. 50

FOURNIÉ, *ingénieur des ponts et chaussées.* Traduction de l'allemand du Scheffler, **Traité de la stabilité des constructions**. Grand in-8, avec nombreuses figures dans le texte. 9 fr.

GRAEFF, *ingénieur en chef des ponts et chaussées.* **Appareil et construction des ponts biais.** 2e édit. In-4 et atlas. 12 fr. 50

COLLIGNON, *ingénieur des ponts et chaussées, professeur adjoint de mécanique à l'École des ponts et chaussées.* **Cours de résistance des matériaux.** In-8. (*Sous presse.*)

— **Théorie élémentaire des poutres droites.** Ponts métalliques ; ponts américains ; combles. In-8 et atlas. 9 fr.

VIGNON (E. J. M.), *ingénieur en chef des ponts et chaussées, directeur du dépôt des cartes et plans et des Archives au ministère de l'agriculture, du commerce et des travaux publics.* **Etudes historiques sur l'administration des voies publiques en France** aux dix-septième et dix-huitième siècles. 3 vol. gr. in-8. 27 fr.

REYNAUD (Léonce), *inspecteur général des ponts et chaussées, directeur du service des phares et balises.* **Mémoire sur l'éclairage et le balisage des côtes de France.** Gr. in-4 avec atlas de 40 planches. 70 fr.

REYNAUD (L.), *inspecteur général des ponts et chaussées, professeur d'architecture à l'École polytechnique et à l'École des ponts et chaussées.* **Traité d'architecture.**

1re partie : **Art de bâtir**, études sur les matériaux de construction et sur les éléments des édifices. 2e édition, revue et considérablement augmentée. 1 vol. gr. in-4 de 617 pages, avec atlas in-folio de 88 pl. 70 fr.

2e partie : **Edifices**, études sur l'esthétique, l'histoire et les conditions actuelles des édifices. 1 vol. gr. in-4 de 628 pages, avec atlas in-folio de 86 pl. 75 fr.

DARTEIN (de), *ingénieur des ponts et chaussées, répétiteur à l'École polytechnique.* **Etude sur l'architecture lombarde** et les origines de l'architecture romano-byzantine. Gr. in-4 et atlas de 100 pl. 125 fr.

CASTELNAU (L.), *directeur d'un cours spécial destiné aux candidats des services des travaux publics, professeur de mathématiques au collège Stanislas, membre de l'Association philotechnique.* **Cours de mathématiques appliquées** à l'usage des candidats aux emplois d'agents secondaires et de conducteurs des ponts et chaussées. **Leçons préparatoires** renfermant toutes les matières exigées par les programmes officiels d'examen d'admission aux différents services des travaux publics. Ouvrage honoré d'une importante souscription de S. E. M. le Ministre de l'agriculture, du commerce et des travaux publics. 4 vol. in-8. 13 fr.

AUCOC (Léon), *maître des requêtes, commissaire du gouvernement près le conseil d'État au contentieux.* **Conférences sur l'administration et le droit administratif**, faites à l'École impériale des ponts et chaussées. (*Sous presse.*)

REGNAULD (Paul), *ingénieur des ponts et chaussées.* **Ponts et viaducs métalliques.** Grand in-8, avec atlas. (*Sous presse.*)

Paris. — Imprimerie de Cusset et Ce, rue Racine, 26.

www.ingramcontent.com/pod-product-compliance
Ingram Content Group UK Ltd.
Pitfield, Milton Keynes, MK11 3LW, UK
UKHW021515260726
13993UKWH00004B/1690